Sorcellerie à Salem ?

Direction de la publication : Carine Girac-Marinier

Édition : Antoine Caron

Direction artistique : Uli Meindl

Conception artistique : Sophie Rivoire et Emma Nicolle

Mise en pages : Hélène Léonard

Fabrication : Axelle Hosten

ISBN : 978-2-03-601920-1

POCHE

ESCAPE GAME

Sorcellerie à Salem ?

Gilles Saint-Martin

LAROUSSE

Mode d'emploi

Les scénarios des ESCAPE GAMES de poche vous permettent de vivre des aventures à la croisée des Escape Games classiques et des Livres dont vous êtes le héros®. Observation, réflexion et imagination vous guideront vers la réussite.

Salem Village

Ce livre se décompose en plusieurs chapitres correspondant à des lieux qui ne se lisent pas dans l'ordre. Au fil de l'aventure, vous devrez résoudre des énigmes pour progresser. Pour pouvoir accéder à un lieu, il faudra avoir trouvé au préalable le symbole magique qui lui est associé. Dans certains cas, vous devrez également posséder des objets. Cochez les cases correspondantes sur la carte de Salem Village pour tenir à jour votre inventaire.

Quand vous êtes confronté à une énigme, une phrase apparaît **en rouge sang**. Une fois la solution trouvée, il vous suffit de tourner la page pour continuer l'aventure. La réponse vous sera donnée **en vert crapaud**. Si elle diffère de la vôtre, noircissez une barre sur le totem satanique, puis retournez à l'énigme et tentez de la résoudre à nouveau avant de poursuivre la lecture.

Ensorcellement

Dans cette aventure, vous serez irrésistiblement attiré dans les arcanes de la sorcellerie. Pour évaluer à quel point, utilisez le totem satanique. À chaque fois que cela vous sera précisé **en marron hibou**, noircissez au crayon une barre sur le totem en partant du bas.

Les indices

En fin d'ouvrage, vous trouverez des indices qui vous aideront à résoudre les énigmes. Attention, l'utilisation d'un indice peut avoir des conséquences sur votre ensorcellement.

Les solutions

En fin d'ouvrage, vous trouverez les solutions détaillées des énigmes. Vous pourrez les consulter si vous ne parvenez pas à en résoudre certaines. Toutefois, sachez que chaque recours à une solution aura des conséquences sur votre ensorcellement.

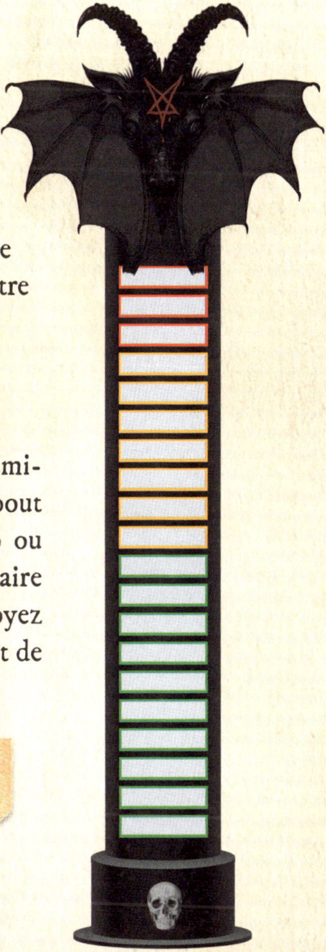

Le temps

Si vous le souhaitez, vous pouvez limiter le temps imparti pour venir à bout de cet escape game (par exemple 60 ou 90 minutes). C'est un défi supplémentaire qui relève de votre seule décision. Soyez clairvoyant si vous faites ce choix avant de commencer.

Et maintenant,
TOURNEZ LA PAGE...

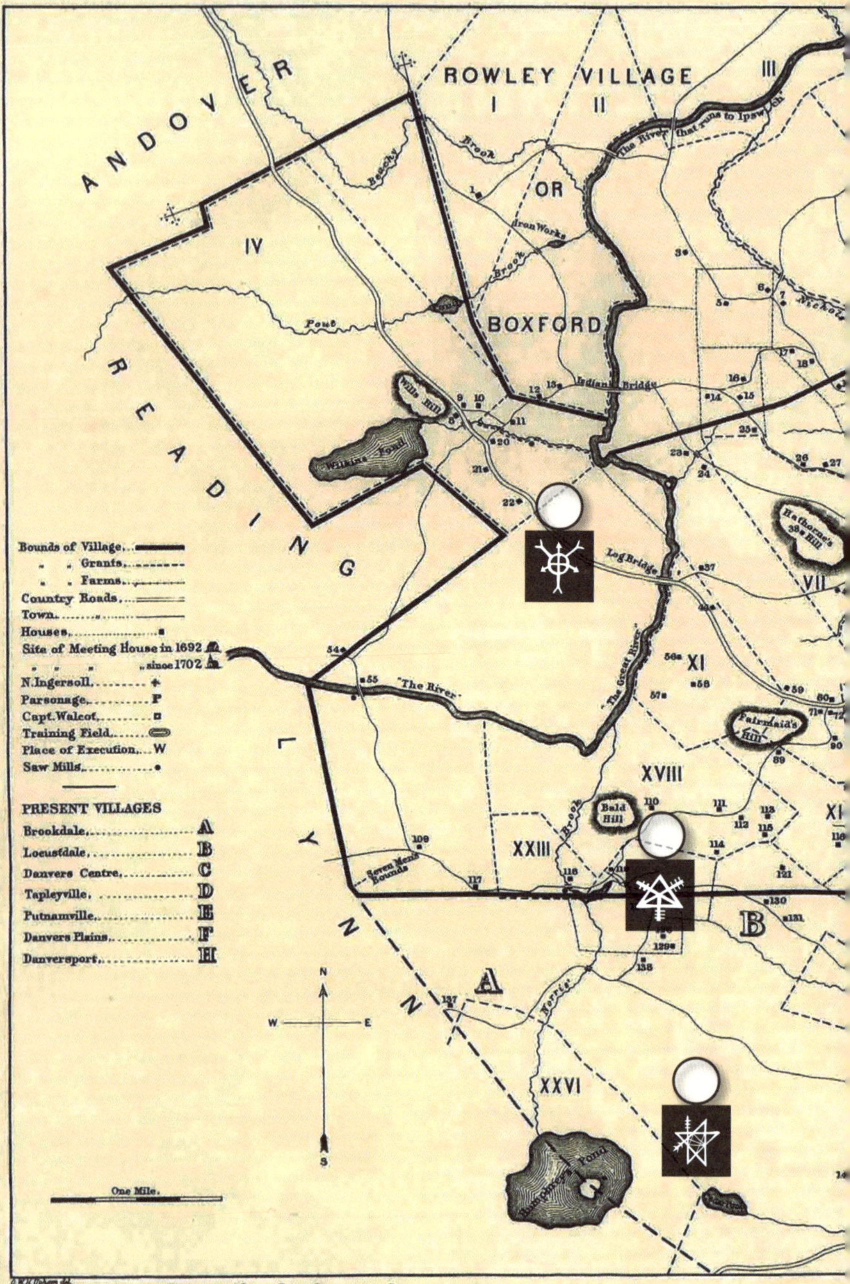

Danvers Alarm List Company, Inc.

MAP
OF
SALEM VILLAGE,
1692.
by W. P. Upham.
1866.
TOPSFIELD
Ipswich River
WENHAM
Smith's Hill
Solomon's Hill
Birch Plain
The Pond or Great Pond
The old Planters Farms
ROYAL SIDE
BEVERLY
NORTHFIELDS
The Governor's Plain
Dodge's Grist Mill
Stone's Plain
Butts Bridge
The Town of Salem
South River
North River

INTRODUCTION

Visite au crépuscule

Salem Village, automne 1692

Le grincement des volets trouble la quiétude du crépuscule. Vous voilà enfermé enfin chez vous, à l'abri du danger, mais pour combien de temps encore ? Ils viendront bientôt, vous le pressentez. Vous, l'étranger, êtes une cible toute désignée dans cette implacable chasse aux sorcières. Il n'est pas question de se résigner à un tel sort. Vous avez fait ce qu'il fallait. On va bientôt frapper à la porte, mais ce ne sera pas la mort, pas ce soir...

Comment en est-on arrivé là ? Ce village qu'on vous avait présenté comme un des fleurons de la colonie de la baie du Massachusetts est en réalité un véritable enfer. La méfiance

et la peur ont envahi champs, rues et esprits. En comparaison, la guerre est un contexte bien plus sain car on y connaît ses ennemis. D'un côté les Français qui convoitent vos terres, et de l'autre les Amérindiens qui défendent les leurs. C'est pourtant pour échapper à cette violence triangulaire, cette antinomie de la sainte Trinité dont le sens vous paraissait de plus en plus obscur, que vous avez décidé de changer de vie. Ainsi, c'est pour assouvir vos désirs de paix et de sérénité que vous vous êtes établi ici, à Salem Village. Quelle désillusion ! L'opportunité que représentait cette parcelle léguée par feu votre père s'est inexplicablement transformée en piège. Il va bientôt se refermer. En fermant les volets, vous avez constaté qu'un pentagramme, le signe des initiés, avait été dessiné sur le bois. Êtes-vous victime d'un sortilège ?

Deux coups étouffés se font entendre. La voilà enfin. Elle a eu le courage de venir, elle, la survivante. Vous ouvrez la porte et avisez la silhouette de celle sur qui repose tous vos espoirs.

« Vous n'avez pas été suivie ? demandez-vous en refermant derrière elle.

— Non, ne vous inquiétez pas.

— Facile à dire...

— J'ai peu de temps. Que voulez-vous ?

— Je veux échapper à la potence, Tituba. Aidez-moi à comprendre qui est derrière cette folie. »

Tituba est une Amérindienne. Elle est au service du pasteur Samuel Parris, l'autorité religieuse du village. Il y a quelques mois, durant cet hiver glacial, elle a été la première à être accusée de sorcellerie. Betty Parris et Abigail Williams, deux jeunes enfants vivant sous le même toit, l'ont désignée responsable des maux mystérieux dont elles souffraient. Elle s'en est sortie de justesse, innocentée miraculeusement. Ensuite, tout s'est emballé dramatiquement pour beaucoup d'autres...

« Je ne connais pas le responsable, déclare-t-elle. Je suis désolée.

— Vous en savez plus que quiconque. Vous pouvez m'aider à le démasquer.

— Tout ce que je peux faire, c'est vous guider. C'est vous qui devrez agir.

— Je ne demande que ça.

— Très bien, mais prenez garde. Vous devrez pénétrer les arcanes de la sorcellerie, affronter des choses qui vous dépassent et enfreindre les dogmes de votre religion. Cela pourrait vous faire perdre l'esprit.

— Comparé à la vie, c'est un moindre mal. Je vous écoute. »

Tituba esquisse un sourire. Son regard plonge dans le vôtre si profondément qu'il vous met mal à l'aise. Elle extirpe alors un étrange objet de sa robe.

L'attrape-rêves ensorcelé

« C'est un attrape-rêves, explique-t-elle. Plongez-y votre regard et ne vous laissez pas entraîner dans la spirale des apparences. **Traversez cinq fois les cercles des esprits en formant le symbole des initiés blancs.** Vous trouverez ceux qui vous aideront. »

NE TOURNEZ PAS LA PAGE !
Pour pouvoir lire la suite,
résolvez d'abord cette énigme.

— « Comment les morts pourraient-ils m'aider ? demandez-vous, troublé.

— Les morts ne mentent pas. »

Sur ces mots, elle dissimule l'attrape-rêves dans sa robe, et sort. Le visage plongé dans l'entrebâillement de la porte, vous la regardez s'éloigner dans la lumière blafarde du clair de lune. Qu'a-t-elle voulu dire ? Peu importe. Ce sont donc les morts que vous irez voir, dès demain.

Cette rencontre vous octroie deux symboles magiques. Cochez-les sur la carte de Salem Village.

Le marais

Le marais

Un paysage fantomatique

Le jour touche à sa fin. Des volutes de brume commencent à ramper dans le marais. La quiétude obscure de cet endroit n'est troublée que par des coassements incessants, et vous vous sentez seul comme jamais auparavant. La silhouette que vous avez aperçue a disparu une fois de plus. Cheminant dans les herbes hautes et la tourbe gluante, fréquemment alerté par des clapotis provoqués par une faune invisible, vous tentez malgré tout de vous approcher de l'endroit où elle se trouvait. L'ambiance est inquiétante. Cette marche en terrain hostile est risquée, mais la pleine lune vous permet néanmoins d'y voir suffisamment pour éviter de vous faire piéger.

De tout temps, les marais n'ont jamais eu bonne réputation. Des rumeurs racontent que des gens y ont mystérieusement disparu. D'autres en font des repères de sorcières où des rites malsains sont pratiqués. Ils sont remplis d'animaux dangereux comme les serpents venimeux. Ce ne sont pas des endroits pour les hommes. Cependant, ces menaces sournoises en font des cachettes parfaites pour qui veut pratiquer des actes interdits à l'abri des regards indiscrets. Sans véritablement en être sûr, vous finissez par penser que c'est à cause de cela que vous persistez dans cette exploration nocturne.

Vous errez durant une bonne partie de la nuit, cherchant un improbable indice, peut-être une présence bienveillante qui pourrait vous aider et vous rassurer sur votre sort. De temps à autre, l'eau stagnante est troublée d'ondes furtives. Le reflet de la lune est déformé, et vous avez l'impression que le cycle lunaire se déroule en quelques instants, comme si le temps s'accélérait. Les sorcières sont traditionnellement inspirées par cet astre blanc qui illumine les nuits et cache parfois le soleil. Si l'on en croit les récentes découvertes faites par Isaac Newton, un illustre sujet britannique d'ascendance puritaine, sa puissance est telle qu'il est capable de commander les mers et de produire les marées. Aurait-il le pouvoir de créer des mirages et de vous faire croire que feu le vieux Corey se tenait là, dans ce marécage, tel un spectre ? Est-ce un sortilège lancé par une sorcière tapie dans les parages ? Votre cœur s'emballe. Vous êtes nerveux, rongé par l'inquiétude. En voulant comprendre, ne vous êtes-vous pas lancé dans une aventure qui vous dépasse ? Désorienté, vous regardez la lune devant laquelle un nuage s'efface.

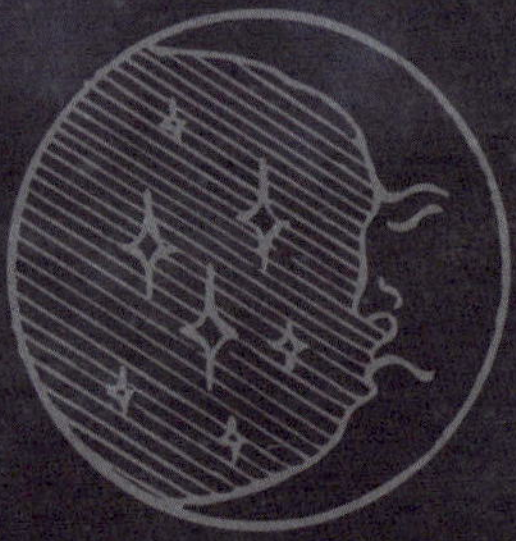

Les phases lunaires

À quel nombre doit être associée
la nouvelle lune ?

0 2 5 7 8 9 11 ?

NE TOURNEZ PAS LA PAGE !
Pour pouvoir lire la suite,
résolvez d'abord cette énigme.

La lune, inspiratrice des sciences occultes, vous porte chance. À cent mètres, sur une butte un peu plus élevée que les autres, vous découvrez les vestiges d'une étrange cérémonie. On y a fait un feu. Des ossements et des plantes fraîchement coupées sont dispersés sur le sol. Vous aviez raison. On pratique ici des actes de sorcellerie. À quoi sont-ils destinés ? Vous n'en avez aucune idée. Cependant, cette trouvaille confirme l'existence d'activités occultes à Salem. La chasse aux sorcières serait-elle donc justifiée ?

Noircissez une barre sur le totem satanique.

Le doute vous taraude. En cherchant d'autres indices, vous avisez un galet sur lequel est peint un étrange symbole. C'est un triangle bleu semblable à celui qui symbolise la Trinité. Une intuition vous pousse à le ramasser et à le ranger dans votre poche.

Notez que vous possédez la rune de l'eau.
Conservez-la précieusement.

Le bourg

Le bourg

Une petite fille si fragile

Salem Village s'étend sur des milliers d'hectares essentiellement occupés par des cultures et des forêts. Cependant, un bourg regroupé autour de l'église constitue le cœur de l'agglomération. C'est là que les membres de la communauté se retrouvent et qu'ont lieu les échanges sociaux. Avant que vous arriviez, on vous avait raconté que l'endroit était agréable à vivre malgré la double menace des Français et des Amérindiens. Vous vous attendiez donc à trouver ici une vie paisible et reconstructrice qui aurait pu vous faire oublier les affres de la guerre. Pour-

tant, lorsque vous êtes arrivé, c'est une tout autre ambiance à laquelle vous avez été confronté. Les gens sont méfiants et silencieux, comme éteints. La peur a pris le pas sur la vie. À force d'accusations, d'arrestations et de procès, la communauté est en perdition. Les bêtes ne sont plus nourries, les cultures sont délaissées, et le commerce est fortement ralenti. Une spirale infernale est lancée. Plus les jours passent, plus elle risque de vous aspirer également.

Alors que vous marchez en quête d'un signe digne d'intérêt, vous croisez le chemin d'une fillette au visage angélique. Vous la reconnaissez immédiatement. C'est Ann Putnam. Victime depuis cet hiver d'étranges maux incurables et qualifiés d'ensorcèlements par des médecins impuissants, elle a accusé près de soixante personnes de sorcellerie. Nombre d'entre elles ont fini à la potence, et d'autres sont encore emprisonnées. Lorsque vous arrivez à son niveau, elle s'arrête et vous dévisage. Vous la saluez sobrement d'un hochement de tête et poursuivez votre chemin. Un déplaisant frisson vous parcourt l'échine, comme si le regard qu'elle jetait dans votre dos allait vous blesser. Vous prenez alors conscience de la situation. Il lui suffit de dire un mot et de vous désigner du doigt pour que tout bascule. En un instant, vous pouvez être à votre tour accusé de sorcellerie par cette enfant d'à peine 13 ans. Si cela se produit, ses déclarations ne seront pas contestées et les foudres de la justice puritaine s'abattront sur le coupable que vous serez irrévocablement devenu aux yeux de tous. Vous le savez. Vous le redoutez. Ainsi vont les choses à Salem. C'est une folie.

Vous faites le dos rond et continuez votre marche. Vous vous attendez à être interpellé, mais cela ne se produit heureusement pas. Ce n'est peut-être pas le jour de votre chute, pas encore... En sortant du bourg, vous remarquez des enfants en guenilles. Ils s'enfuient lorsqu'ils vous voient approcher, laissant sur le sol une étrange aire de jeu parsemée de pierres colorées. À quoi jouaient-ils ?

Les pierres colorées

Trouvez le message que les enfants ont laissé sur le sol.

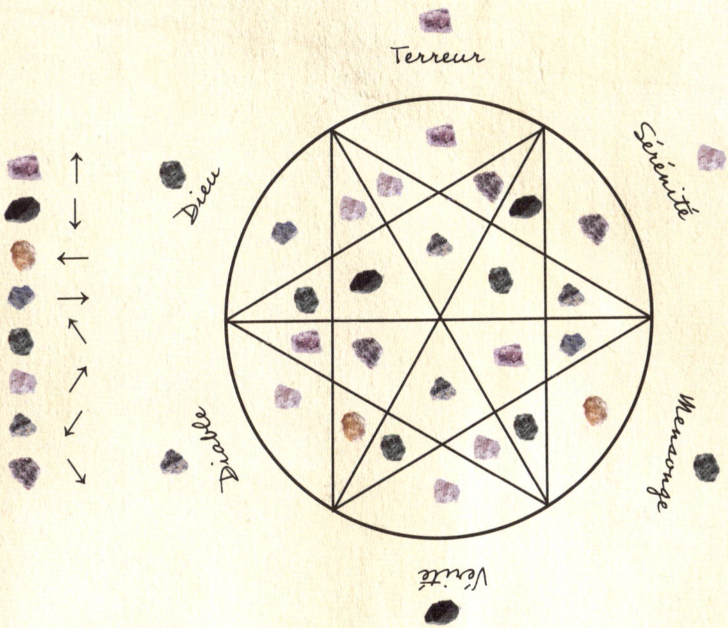

NE TOURNEZ PAS LA PAGE !
Pour pouvoir lire la suite, résolvez d'abord cette énigme.

« La vérité sort de la bouche des enfants. » Cet adage trouve ici tout son sens. À Salem Village, le mensonge mène à la terreur. Probablement influencés par les rumeurs de sorcellerie qui courent dans les rues et animent les foyers, les jeunes grandissent dans ce contexte fallacieux. Logiquement, leurs jeux s'en inspirent et vous offrent dans le cas présent une bonne leçon de clairvoyance.

Vous repensez alors à cette fillette qui vous a donné des sueurs froides. Vous êtes désormais persuadé que ses accusations étaient mensongères. Sûr de vos conclusions, vous désespérez pourtant de trouver un moyen de le prouver. Parole contre parole, comment convaincre des gens qui ne voudraient pas vous écouter ? C'est alors que vous avisez une maison isolée au bout du chemin sur lequel ont fuit les enfants. De la fumée s'échappe de sa cheminée, ce qui vous interpelle car il fait bon et parce que ce n'est pas l'heure du repas. Que peut-elle bien receler ?

*Cette découverte vous octroie
un nouveau symbole magique.
Cochez-le sur la carte de Salem Village.*

La maison des Corey

La maison des Corey

Une sentence atroce

Vos recherches vous conduisent devant une maison isolée au milieu des champs. Vous vous présentez à la porte et frappez. Comme personne ne répond, vous tournez la poignée et constatez qu'elle n'est pas verrouillée. Après vous être assuré que personne ne peut vous voir, vous entrez. L'intérieur est rempli d'animaux empaillés et de crânes de gibier. Tous ces yeux morts fixés sur vous sont perturbants. Néanmoins, vous décidez de rester, poussé par une force mystérieuse. C'est en suivant la piste du vieil homme que vous êtes arrivé ici, et les indices qu'il a laissés derrière lui vous donnent envie d'en savoir

plus. Vous examinez donc tous les recoins de l'habitation. Les meubles sont sobres et fonctionnels et la décoration, si l'on excepte cette macabre collection animalière, est du même acabit. Aucun signe ne laisse penser que cet endroit est actuellement habité. Pourtant, il n'est pas à l'abandon, ou en tout cas pas depuis longtemps. Étrange...

À force de fureter, vous trouvez quelques documents. En les consultant, vous comprenez que cette maison appartient à la famille Corey. Ce nom vous fait l'effet d'un déclic. Martha et Giles Corey formaient un couple de fermiers qui possédaient beaucoup de terres cultivables. Il y a quelques semaines, ils ont été tous deux exécutés. Martha était une femme pieuse et une fidèle de l'église fondée par le révérend Parris. Elle a publiquement émis des doutes sur la véracité des accusations de sorcellerie qui étaient lancées. Peu après, elle a été accusée à son tour par Ann Putnam. « AP » : serait-ce de cette enfant dont parle le message que vous avez trouvé dans la Bible ? Martha fut condamnée à la pendaison.

Le sort de Giles, son époux, a été encore plus cruel. Comme il refusait toute forme de procès et se murait dans le silence, il a été condamné à la peine « forte et dure », un supplice qui consiste à écraser le condamné sous des pierres qui sont ajoutées progressivement. L'agonie du malheureux a duré trois jours...

Avant ces tragiques événements, vous avez plusieurs fois eu l'occasion de croiser ce couple. Ils étaient tous deux bien éduqués et rien ne laissait penser qu'ils s'adonnaient à une quelconque forme de sorcellerie. Toutefois, en voyant l'intérieur de leur maison, vous doutez. Les animaux empaillés qu'ils collectionnaient ne sont guère rassurants et évoquent effectivement la sorcellerie. Faut-il ou non se fier aux apparences ? Quel était le véritable centre d'intérêt des Corey ?

Les animaux empaillés

Pour le savoir, observez attentivement leurs animaux empaillés et **déduisez-en un mot**.

NE TOURNEZ PAS LA PAGE !
Pour pouvoir lire la suite, résolvez d'abord cette énigme.

Il est évident que les Corey n'étaient pas adeptes des arts occultes. Ils ne représentaient aucune menace pour la communauté de Salem. Tout ce qu'ils voulaient, c'était vivre de la terre qu'ils cultivaient et vieillir paisiblement dans la nature. Leurs condamnations ont été de cruelles injustices, et vous êtes convaincu qu'il en est de même pour beaucoup d'autres. Vous finissez par penser que ce sont leurs terres qui les ont perdus. Aujourd'hui, elles appartiennent à d'autres, peut-être leurs accusateurs...

C'est fort de ces convictions que vous ressortez de la maison. Des effluves de vase attirent alors votre attention. En passant derrière la maison, vous constatez qu'un marais s'étend vers l'ouest. Soudain, vous apercevez une silhouette qui semble se tenir sur l'eau. Elle est très éloignée, mais son aspect vous rappelle celui du vieux Corey. Il vous regarde fixement. Est-ce que vous rêvez ?

Cette investigation vous octroie un nouveau symbole magique. Cochez-le sur la carte de Salem Village.

La potence

La potence

Peines capitales

S'il est un lieu où l'on peut toujours savoir d'avance comment le spectacle va se terminer, c'est ici, à la potence. Le terme spectacle est en effet tristement approprié pour ce qui s'y passe.

Cela commence par l'arrivée du condamné, sous les huées et les crachats. Puis on le fait monter sur un tabouret. On passe la corde autour de son cou en prononçant quelques prières dénuées de sentiments et, sous les clameurs haineuses, c'est la fin : un balancement accompagné de convulsions qui dure quelques instants, parfois plus longtemps. Peut-être par embarras, peut-être par honte, un silence pesant succède souvent à l'exécution. Toutefois, lorsque le condamné devient immobile, les discussions reprennent rapidement et les gens tournent les talons afin de poursuivre leurs vies, rassasiés de cruauté ou effondrés par la perte d'un des leurs.

Lors des pendaisons auxquelles vous avez assisté, l'observation du public vous a permis de remarquer que plusieurs camps se distinguent. Les trois premiers sont ceux qui se satisfont de voir le condamné passer de vie à trépas, ceux qui semblent être rassurés de le voir mourir, et ceux qui le pleurent. Cependant, une quatrième catégorie, pouvant se caractériser par l'affichage d'une attitude indifférente, existe également. Vous en faites partie et vous savez donc que ce n'est qu'une illusion car des sentiments forts et souvent contradictoires se bousculent dans la tête des témoins. Pour apparaître comme neutre et ne pas risquer de se faire remarquer par des yeux inquisiteurs, le tout est de parvenir à les cacher.

Aujourd'hui, personne n'est devant la corde, mais d'autres suivront bientôt le chemin sans issue des condamnés à qui elle a ôté la vie. Ces derniers mois, ils sont nombreux à avoir subi ce triste sort : beaucoup de femmes, mais aussi des hommes. Tous ont été jugés coupables de sorcellerie. Face à cet anneau soigneusement noué qui oscille lentement au gré de la brise, vous cherchez un signe, un indice qui pourrait vous éclairer sur les réelles origines de cette triste série de cas de sorcellerie et de mises à mort.

La corde mortelle

Trouvez une expression composée de **cinq mots**, et utilisez leurs **initiales** pour en former un autre.

NE TOURNEZ PAS LA PAGE !
Pour pouvoir lire la suite, résolvez d'abord cette énigme.

La sorcellerie dont ont été accusés ceux qui ont péri ici est-elle un péché à ce point impardonnable et dangereux ? Car si c'est la justice qui a décidé leur mort, le puritanisme et ses dogmes étaient dans tous les esprits, dans la culture de tous les colons de Salem et dans la main de celui qui a frappé la table de son marteau implacable. Incontestée dans la région, la religion inspire les juges et leurs sentences sont donc cautionnées par Dieu aux yeux de beaucoup, ce qui leur donne une légitimité allant bien au-delà des textes de loi. D'une certaine manière, cette chasse aux sorcières serait donc plébiscitée ? C'est inquiétant...

Noircissez une barre sur le totem satanique.

Cela fait maintenant un long moment que vous êtes devant cette corde, et vous n'êtes pas plus avancé. Dans votre esprit, une mystérieuse voix vous fait comprendre que commencer par la fin, la où la vie s'arrête, n'est peut-être pas la meilleure des façons de mener votre quête de vérité. Il faut aller ailleurs, là où les actes interdits sont révélés, là où les sentences se décident.

Cette investigation vous octroie un nouveau symbole magique. Cochez-le sur la carte de Salem Village.

L'église

L'église

Des sermons inquiétants

Comme d'habitude, l'église est remplie. Le pasteur Parris, qui y officie, est connu pour ses prêches engagés durant lesquels il ne manque jamais de susciter la crainte chez les fidèles. Il a été le premier à être touché par les étranges événements qui sévissent à Salem Village. Sa fille Betty a en effet été atteinte d'une mystérieuse maladie. Face aux convulsions et aux délires dont elle souffrait, les médecins ont été impuissants et n'ont pas su identifier une quelconque pathologie. On l'a déclarée possédée, et la coupable toute désignée fut Tituba – la femme à qui vous avez demandé de l'aide lorsque vous avez jugé que les risques

étaient devenus trop importants pour vous –, qui était au service de la famille Parris. Ses origines amérindiennes et les traditions qui leur sont associées ont vraisemblablement joué en sa défaveur aux yeux des colons puritains. Ses accusatrices étaient la jeune Betty et sa cousine Abigail Williams. Elle a été accusée de sorcellerie et emprisonnée. Seuls ses aveux rapides et ses dénonciations lui ont évité la potence et lui ont permis d'être libérée. Cet événement a fait grand bruit à Salem Village. Il a été suivi de cas similaires et a marqué le début de la chasse aux sorcières.

Depuis sa nomination, l'autorité de Samuel Parris est contestée. Le titre de pasteur qui lui a été donné lui accorde des avantages, mais ils sont de plus en plus controversés. La communauté de Salem Village refuse notamment de payer la taxe permettant de financer son bois de chauffage. Il ne se laisse cependant pas faire et profite du soutien de la puissante famille Putnam. Sans surprise, son sermon est une nouvelle fois centré sur la défense d'une théorie de conspiration contre lui et l'Église. Selon lui, elle est inspirée par Satan, qui agit par l'intermédiaire de ses adeptes : les sorcières. En somme, Samuel Parris est l'inspirateur religieux de la chasse qui leur est faite. Sa foi est aussi inébranlable que sa détermination à les annihiler.

Alors qu'il lit avec véhémence un passage d'Ésaïe, vous avisez l'homme qui était au cimetière. Il est très âgé et son teint est d'un blanc éclatant, presque lumineux. Lorsqu'il s'aperçoit que vous l'observez, il se lève et quitte l'église en laissant une Bible sur le banc où il se trouvait. Personne ne semble avoir fait attention à lui. Vous allez vous asseoir à sa place et prenez le livre. En le feuilletant, vous remarquez que la page contenant le passage choisi par le pasteur est percée de petits trous. Leur agencement vous laisse perplexe. C'est alors qu'un morceau de papier tombe à vos pieds. Un étrange dessin y figure. Et si c'était un nouvel indice laissé par ce mystérieux individu ?

Le message biblique

Décodez le message laissé
dans la sainte Bible.

Sainte Bible — Esaïe 8.19-22

19 Lorsqu'on viend a vous dire : « Allez
donc onsulter ceux qui év quent les
esprits, ceux qui prédisent l'avenir, ceux
qu chuchotent t marmottent ! Les
peuples ne doivent-ils pas con ulter leurs
dieux et s'adresse aux morts en faveur
des vivants ? », alors vous répondrez :

20 « la Loi et à l'act écrit ! ». Si l'on ne
parle pas ai si, alors pas d'auror pour
eux !

21 On traversera le pays, pressé et affamé,
et il arrivera, so s l'effe de la faim,
qu'exaspéré, en levant les yeux vers le
haut, on maudira son roi, on maudira son
Dieu.

22 uis, regardant la terre, on n'y trouvera
que détresse, ténèbres, ombres
angoisses, t l'on sera poussé dans la nuit
la plus noire.

NE TOURNEZ PAS LA PAGE !

Pour pouvoir lire la suite,
résolvez d'abord cette énigme.

Ce message habilement dissimulé, « AP est une sorcière », vous laisse sur votre faim. Qui est cette « AP » ? Est-ce une nouvelle accusation gratuite ? Est-ce une vérité ? Vous ne savez que penser. Quoi qu'il en soit, ce vieil homme est désormais votre principal centre d'intérêt. Qui est-il ? Que sait-il ? Vous n'avez aucune réponse à ces questions, mais vous pressentez qu'il est peut-être la clé de tout ce qui se passe à Salem Village. Vous décidez donc de partir à sa recherche.

Vous vous levez et quittez l'église sous les regards furtifs des fidèles. Dehors, vous ne voyez aucune trace de l'individu. Vous vous aventurez à questionner quelques passants, mais leurs réponses sont vagues et contradictoires. En fin de compte, votre attention se porte sur deux endroits où vous pourriez vous rendre : une maison située à l'est du bourg et Ipswich road.

Vos recherches vous octroient deux symboles magiques. Cochez-les sur la carte de Salem Village.

La cabane

Attention, pour pouvoir accéder à ce chapitre, vous devez posséder 4 runes !

La cabane

Dans l'antre de la sorcière

Le soleil se couche et une aura sombre et intimidante enveloppe la forêt. À travers le feuillage, de vagues taches lumineuses apparaissent et disparaissent pour ressurgir juste à côté. Impossibles à anticiper, impossibles à comprendre, elles vous font penser à des esprits malfaisants qui jouent avec vos nerfs comme des chats avec leurs proies.

Au détour d'un rocher, une cabane attire votre attention. Elle est sombre, austère, et inspire la crainte. En l'observant, vous commencez à douter de vous-même et de votre capacité à résoudre le mystère des sorcières de Salem. Être aussi

inquiet n'est pas dans vos habitudes. Sur le champ de bataille, vous n'avez jamais été du genre à tergiverser devant le danger. Seriez-vous en train de changer ?

Vous ne voulez pas céder à la facilité. Après avoir inspiré un grand coup, vous approchez prudemment de la cabane. Aucun bruit n'en émane, mais une lumière vacillante filtre à travers les planches moussues dont sont faits les murs. Après avoir fait plusieurs fois le tour du bâtiment, vous y entrez, la peur au ventre mais le courage au cœur. À l'intérieur, vous découvrez une unique pièce remplie d'objets occultes. Il y a même des caisses dans lesquelles vous entendez coasser des crapauds, couiner des souris et siffler des serpents. Dans des cages, des corbeaux noirs comme la nuit vous observent. Sur des étagères, vous voyez d'innombrables récipients frappés de symboles plus intrigants les uns que les autres. Des taches de sang souillent ça et là des objets hétéroclites tels que des poupées d'enfants, du linge ou des bijoux. Ce capharnaüm est effrayant et ne laisse planer aucun doute : vous êtes dans l'antre d'une sorcière malfaisante !

Affolé, vous sentez votre cœur s'emballer. Vos yeux se voilent et votre corps s'affaiblit. À la limite de la perte de connaissance, vous entendez soudainement une voix dans votre tête. « Les runes... Les runes... Les runes... » répète-t-elle comme une mélopée.

Vous fourrez vos mains dans vos poches et en extirpez les quatre pierres que vous avez trouvées. Dans le creux de vos paumes, elles rayonnent d'une chaleur réconfortante. Vous vous sentez aussitôt bien mieux, comme miraculeusement guéri d'un mal mystérieux.

Que vous arrive-t-il ? Quelles forces obscures sont à l'œuvre ici ? La réponse est peut-être dans ce grimoire ouvert devant une myriade de bougies.

Le serpent sibyllin

Complétez les cases vides du corps du serpent avec tous les chiffres de 1 à 9. Posez la formule et mettez les priorités. **Quel nombre se cache dans le triangle englobant sa tête et ce qu'il avale ?**

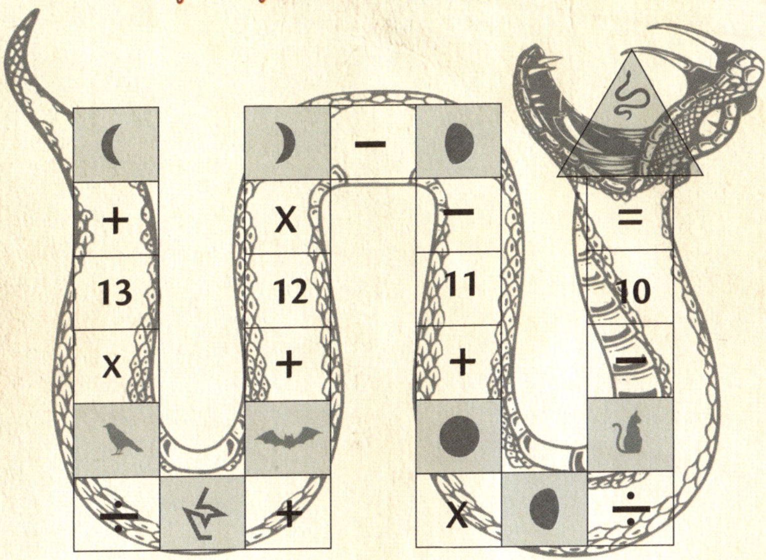

NE TOURNEZ PAS LA PAGE !

Pour pouvoir lire la suite, résolvez d'abord cette énigme.

Vous n'en croyez pas vos yeux. Ce nombre, 666, c'est celui de la Bête ! Celui ou celle qui œuvre dans cette cabane cachée au cœur de la forêt a pactisé avec le diable !

Noircissez une barre sur le totem satanique.

Vous êtes au milieu des terres des Putnam et vos soupçons se portent instantanément sur cette puissante famille. Vous vous rappelez cet épisode dans le bourg où vous étiez à la merci de la petite Ann. Vous vous remémorez cette hécatombe de victimes de maux inexplicables, toutes liées par le sang ou par intérêt à cette même famille. La vision du panneau rempli d'inscriptions alarmantes vous revient à l'esprit. Serait-ce cette rivalité entre les Putnam et les Porter, comme le suggérait l'inscription trouvée au tribunal, qui est derrière le cauchemar que vit Salem ? Et si c'est le cas, qui en est l'instigateur ?

La nuit inonde la forêt lorsque vous ressortez de la cabane. Une pleine lune aveuglante rayonne dans le ciel. Vous sentez que la vérité vous tend les bras. Au loin, sous le couvert des arbres impassibles, vous avisez une lueur...

*Cette découverte vous octroie un nouveau symbole magique.
Cochez-le sur la carte de Salem Village.*

La maison des Foster

La maison des Foster

Faux-semblant

Vous vous dirigez vers une maison isolée. En passant devant la fenêtre, vous constatez que quelqu'un est à l'intérieur. C'est une vieille femme qui s'affaire avec des bouteilles et des récipients. Que peut-elle faire ? Serait-ce une sorcière qui prépare une potion ?

Tout à coup, elle tourne la tête vers la fenêtre. Vous vous plaquez aussitôt contre le mur, mais trop tard pour ne pas être vu.

« Qui est là ? demande-t-elle avec un trémolo d'inquiétude. »

Embarrassé d'avoir été repéré, vous répondez :

« Je ne vous veux aucun mal, madame. Puis-je entrer ?

— Oui, bien sûr. Je n'ai rien à cacher. »

Étrange réponse... Vous poussez la porte et pénétrez dans la maison. Il y règne une atmosphère à la fois calme et déroutante. Des effluves indéfinissables flottent dans l'air. Attablée, la femme termine de verser le contenu d'un flacon dans un autre, puis lève les yeux vers vous.

« Je suis Ann Foster, déclare-t-elle. C'est ma fille qui vous envoie ?

— Non, je...

— Alors que voulez-vous ?

— Je cherche à identifier la cause de cette terrible chasse aux sorcières. Savez-vous quelque chose à ce sujet ?

— Je ne suis pas une sorcière.

— Je n'ai pas dit ça. Je...

— Je vous répète que je ne suis pas une sorcière. Les breuvages que je concocte ne sont que des remèdes hérités de mes aïeux. Ils n'ont rien de dangereux ou de maléfique. Je suis une bonne protestante, et si je ne vais plus à l'église depuis la mort de mon mari, c'est uniquement parce que mon grand âge m'empêche de le faire.

— Je veux bien vous croire, mais j'ai peur que de nombreuses personnes à Salem ne soient pas du même avis que moi.

— Je le sais. Les gens sont devenus fous, je ne reconnais plus le village où je me suis installée avec mon mari. Mais ce qui me fait le plus mal, c'est que ma fille est elle aussi sur le point de basculer dans cette rage religieuse. »

Ses propos sont intrigants et vous font douter de la pertinence de votre première impression. Comme elle est sur la défensive, vous comprenez que vous aurez du mal à engager une véritable conversation et à obtenir des informations utiles. Vous concentrez donc votre attention sur le matériel qui se trouve sur la table. Outre les flacons et les récipients que vous avez vus par la fenêtre, il y a un vieux *livre*, des *fleurs*, de la *mousse*, des *champignons* et des *branches*. Le tout forme un pot-pourri aux senteurs enivrantes.

La potion mystérieuse

Trouvez **le type de potion** qu'elle est en train de préparer.

NE TOURNEZ PAS LA PAGE !
Pour pouvoir lire la suite,
résolvez d'abord cette énigme.

Elle dit donc vrai. C'est une potion d'amour, qui n'a a priori rien de diabolique, qu'elle prépare.

« Pour qui est ce philtre ? questionnez-vous.

— Pour ma fille. Elle m'a dit que des rumeurs commencent à courir à son sujet.

— Des rumeurs de sorcellerie ?

— Vous en connaissez d'autres à Salem ?

— Non, malheureusement...

— Elle réagit mal à cause de son enfant. Elle m'a dit que c'était de ma faute et que si elle était arrêtée, elle m'accuserait pour se défendre. J'espère que ce breuvage lui rendra son amour envers moi et lui ouvrira les yeux. »

Vous êtes touché par ce drame familial. Il montre à quel point cette chasse aux sorcières chamboule la vie de tous à Salem. Ne sachant pas comment aider cette femme, vous lui promettez de trouver qui est le véritable responsable de ces rumeurs mensongères. En retour, la vieille Foster vous offre un présent.

« C'est une pierre de chance, explique-t-elle. Moi, je n'en ai plus besoin. Il est trop tard. Elle vous protégera contre le diable. »

Notez que vous possédez la rune de l'air. Conservez-la précieusement.

Le cimetière

Le cimetière

Des stèles dans la terre

Décidé à éclaircir la mystérieuse indication donnée par Tituba, vous vous rendez au cimetière. C'est la première fois que vous y allez mais, depuis quelques mois, vous en entendez beaucoup parler. Les enterrements s'y multiplient, souvent le résultat d'exécutions pures et simples. Qui étaient vraiment ces gens que l'on a déclarés coupables de sorcellerie ? Leur innocence, ils l'ont clamée haut et fort, mais en vain. La justice les a condamnés, et la corde a fait le reste. Maintenant, ils sont là, dans la terre, surmontés de stèles sobres et sans âme.

En arrivant, vous remarquez un homme accompagné de cinq enfants. Les larmes aux yeux, ils quittent les lieux la tête basse. « Encore une famille détruite », songez-vous.

Contre quelques pièces, le croque-mort vous a donné un plan des tombes des condamnés à la peine capitale. Muni de ce repère, vous marchez parmi les stèles, cherchant un indice improbable, un signe qui vous mettrait sur la voie. Un corbeau vient se poser sur une stèle vierge de toute inscription et vous observe. Devant elle : un trou béant prêt à accueillir un cercueil. À vos yeux, cet oiseau au plumage d'ébène prend soudainement une allure de mauvais présage. Et si cette tombe était la vôtre ?

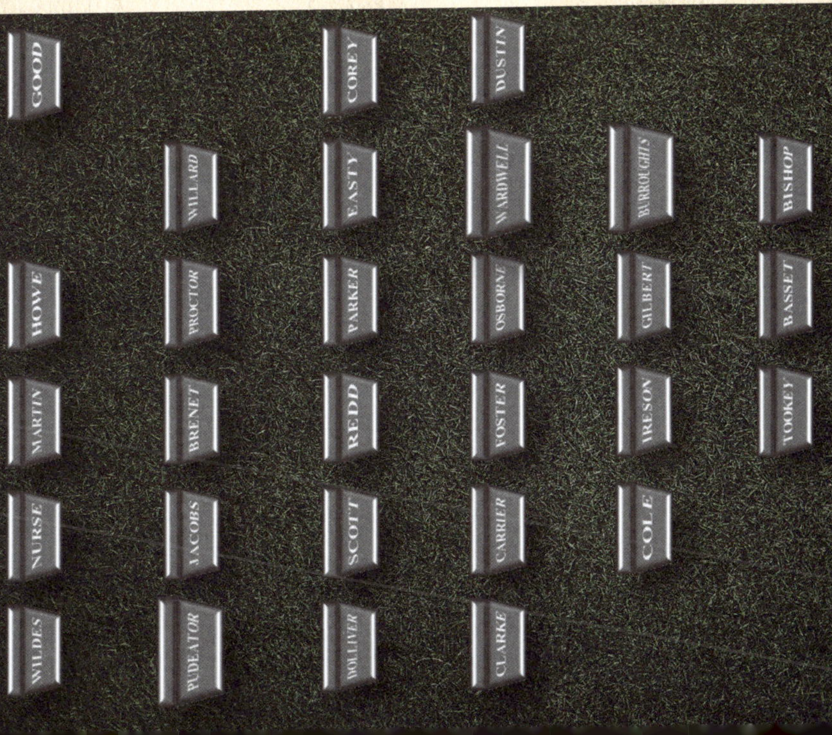

Vous tergiversez. Vous piétinez. Vous vous égarez dans ce labyrinthe de pierre sans entrevoir l'ombre d'une idée. Que faites-vous ici, parmi les morts ? Comment avez-vous pu un seul instant croire qu'ils vous viendraient en aide ? Tituba avait raison de vous mettre en garde. À vrai dire, vous craignez d'avoir déjà perdu l'esprit. Pourtant, une voix muette vous pousse à poursuivre cette errance macabre. C'est étrange. Vous ne l'aviez jamais remarquée depuis... Oui, cette nuit, dans vos rêves !

Noircissez une barre sur le totem satanique.

Tout à coup, vous remarquez quelqu'un accroupi au pied d'un arbre, un couteau à la main. Lorsque vous vous approchez, une branche craque sous votre pied. L'individu disparaît comme par magie. Il est inutile de le poursuivre. C'était un homme de bonne constitution et vos jambes marqués par les stigmates de la guerre ne sont pas de taille face aux siennes. Au pied de l'arbre, vous remarquez des gravures dans l'écorce, des suites de lettres semblant n'avoir aucun sens. Est-ce un indice ?

L'écorce lacérée

Décodez ces inscriptions.

NE TOURNEZ PAS LA PAGE !
Pour pouvoir lire la suite,
résolvez d'abord cette énigme.

Cet homme semble avoir voulu indiquer que ces morts ont des liens. Que faut-il en penser ? Est-ce la vérité ou un simple délire ésotérique ? Tous ces patronymes sont différents. Ils ne sont pas de la même famille. De prime abord, cette théorie vous paraît absurde. Pourtant, cette mystérieuse voix dans votre tête vous suggère qu'elle a peut-être un sens. En examinant la carte de Salem Village vous constatez que la plupart de ces noms sont associés à des terres jouxtant celles de la puissante famille Putnam. Serait-elle la clé de cette hécatombe ? Est-ce qu'on vous manipule ? Veut-on vous piéger ?

Le son des cloches vous arrache soudainement à vos pensées. La messe va bientôt commencer. Cet homme… Oui, il portait des vêtements propres ayant encore des traces de plis. Il devait se rendre à l'église. Il y sera certainement…

Cette visite funèbre vous octroie
un nouveau symbole magique.
Cochez-le sur la carte de Salem Village.

La forêt

La forêt

Une rencontre effrayante

Cette forêt vous met mal à l'aise. C'est comme si elle était habitée par des esprits qui vous épient dans les buissons et les cimiers. Durant votre exploration, vous ne cessez de vous arrêter ou de vous retourner pour vérifier si personne ne se cache dans la végétation. Aux aguets, vous vous sentez l'égal d'un gibier esseulé et sans défense. Était-ce une bonne idée de venir ici ? Vous commencez à sérieusement en douter.

Pourtant, cette zone sylvestre constitue un endroit idéal pour pratiquer la sorcellerie en toute discrétion. Qui oserait s'y aventurer ? Oui, vous y êtes, certes, mais votre cas est différent. Vous cherchez désespérément à échapper à une arrestation imminente qui vous conduirait à la potence...

Alors que vous faites une nouvelle halte pour vérifier un taillis, vous entendez d'étranges sons. Vous n'avez aucune idée de ce dont il s'agit, mais vous êtes certain que ce n'est pas un animal qui en est à l'origine. Vous vous approchez de la source sonore en marchant précautionneusement. Enfin, vous en découvrez l'auteur. Il s'agit d'une femme étrangement vêtue qui chante une mélopée dans une langue qui vous est totalement inconnue. Sa longue chevelure rousse vous fait penser que ce n'est pas une

Amérindienne. Elle semble être en transe, et lorsque vous la voyez brandir un crâne de bovin, vous comprenez qu'elle récite des incantations. C'est une sorcière !

Devant elle, vous remarquez des objets dont vous avez du mal à distinguer la nature. Régulièrement, elle interrompt son chant monotone pour planter quelque chose dans l'un d'eux, puis elle reprend sa transe chantante. Qui est-elle ? Que fait-elle ? La sorcellerie vous intrigue autant qu'elle vous effraye. Tiraillé entre l'envie d'approcher et la volonté de rester prudemment caché, vous assistez à ce spectacle déroutant comme un enfant devant un tour de magicien. Qui sait ce qu'elle serait capable de vous faire si elle vous voyait ? Non, il vaut mieux rester invisible.

Soudain, une brindille craque sous votre pied. Alertée par le bruit, la sorcière vous repère. Elle interrompt aussitôt son cérémonial et prend la fuite. Disparaissant promptement dans la végétation, elle ne vous laisse aucune chance de la rattraper. Vous approchez de l'endroit où elle se tenait. Dans la précipitation, elle a laissé tout son matériel occulte. Il y a une poupée en toile de jute parsemée d'aiguilles et un parchemin rempli de symboles maintenu par un galet. Vous vous accroupissez pour examiner ces objets.

La poupée torturée

Reliez la pointe des épingles dans le bon ordre pour découvrir **le nom et le numéro du sortilège** qu'elle était en train de lancer.

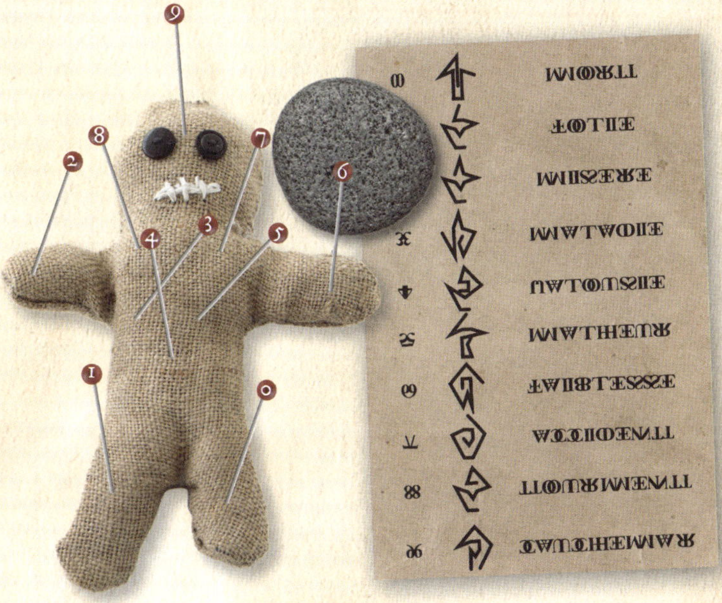

NE TOURNEZ PAS LA PAGE !
Pour pouvoir lire la suite, résolvez d'abord cette énigme.

Cette femme était en train de lancer un sortilège de folie. Que l'on y croie ou non, un telle action montre que des sorcières mal intentionnées sont à l'œuvre dans cette forêt. Un tel spectacle devrait vous amener à conclure que les accusations de sorcellerie sont fondées, et que ceux qui les portent sont réellement victimes de sortilèges malfaisants. Pourtant, quelque chose cloche. Ces victimes sont quasiment toutes liées aux Putnam, soit par des liens familiaux, soit par intérêt. Cela ne peut pas être le fruit du hasard. Cette forêt est sur leurs terres, et cette sorcière a certainement un rapport, elle aussi, avec les Putnam. Reste à savoir lequel...

Noircissez une barre sur le totem satanique.

Cette découverte vous octroie un nouveau symbole magique. Cochez-le sur la carte de Salem Village.

« Il est temps d'aller ailleurs », pensez-vous. En vous relevant, votre pied butte contre le galet qui tenait la feuille de papier. Il roule et se retourne, laissant apparaître un triangle rouge. Intéressé par cet objet, vous le ramassez et le mettez dans votre poche.

Notez que vous possédez la rune du feu. Conservez-la précieusement.

La prison

La prison

L'enfer carcéral de Salem

D'aucuns diraient que pour rencontrer des sorcières, il faut se rendre là où elles sont : en prison. Ce raisonnement est aussi simpliste que faux. Qui est en effet capable d'assurer que les personnes enfermées sont des adeptes des arts occultes dangereuses pour la communauté, à part leurs accusatrices ? Elles n'ont même pas encore été jugées.

L'établissement pénitencier est situé un peu à l'écart de Salem Town. Vous vous y présentez en prétextant vouloir interroger une détenue. Après une fouille sommaire, on vous laisse entrer. À l'intérieur, vous découvrez un spectacle sordide. L'endroit est sale, nauséabond et surtout surpeuplé. Il faut dire que depuis l'hiver dernier, les accusations de sorcellerie se sont multipliées. Une grande majorité des prisonniers sont des femmes, et aujourd'hui, plus d'un quart de la population de Salem Village est incarcérée. À vos yeux, ce chiffre démentiel conduit à se demander de quel côté est réellement le diable...

Derrière les barreaux, vous voyez des gens abattus, désespérés. Il y a même une mère qui protège son nourrisson d'un air affligé. Il n'a même pas une semaine... Ce qui se passe ici est contraire aux valeurs de la civilisation. C'est de la cruauté pure et simple. Ces gens sont les victimes d'un système qui a perdu la raison. Et le plus troublant, c'est qu'ils semblent subir leur sort sans protester. C'est comme s'ils attendaient avec résignation la délivrance de la potence. Vous en abordez plusieurs, mais ils détournent le regard et refusent de parler. Vous êtes tellement affecté par leur triste sort que vous n'insistez pas et présentez même des excuses gênées. Ont-ils peur ? Ont-ils honte ? Pourquoi agissent-ils ainsi ? Vous êtes venu ici pour comprendre et pour les aider, mais ils n'ont même pas l'envie de saisir la perche que vous leur tendez. Se sont-ils eux-mêmes convaincus de leur propre culpabilité ? De toute façon, il est impossible de leur en vouloir. Il serait inhumain de les juger.

À cet instant, des hommes entrent dans la prison et vont chercher une femme dans sa cellule. Interrompue dans une activité que la pénombre vous empêche d'identifier, elle se laisse emmener la tête basse. Ils la conduisent au tribunal. Vous connaissez la suite... Une fois ce sinistre cortège parti, vous vous intéressez à la cellule laissée vacante. Des cartes de tarot sont étalées sur le sol crasseux.

Les cartes de tarot

Complétez le carré de cartes, et déduisez-en ce à quoi était occupée la prisonnière.

NE TOURNEZ PAS LA PAGE !
Pour pouvoir lire la suite,
résolvez d'abord cette énigme.

Cette malheureuse était tout simplement occupée à prédire son avenir. À quoi bon ? A-t-elle seulement un infime espoir de s'en sortir vivante ? Vous ne pouvez que le souhaiter, tout en sachant que c'est inutile. Quoi qu'il en soit, cet usage de la cartomancie tient plus de la voyance que de la sorcellerie. Il n'y a rien de répréhensible dans cette pratique, si ce n'est qu'elle ne respecte pas les dogmes de l'Église puritaine.

Noircissez une barre sur le totem satanique.

Soudain, un galet laissé dans un coin de la cellule attire votre attention. Un symbole vert y est peint. Une inexplicable intuition vous pousse à le ramasser et à le ranger dans votre poche.

Notez que vous possédez
la rune de la terre.
Conservez-la précieusement.

La route

La route

Des terres très convoitées

La route reliant Salem Village à Salem Town n'est plus ce qu'elle était. Auparavant, les échanges commerciaux entre les terres agricoles et la côte urbaine étaient nombreux et florissants. Le lien séparant les deux agglomérations était fréquenté et vivant. Aujourd'hui, il est aussi frêle qu'une corde effilochée par un excès de pendaisons. On n'y croise que peu de marchands, et la plupart des convois qui y cheminent sont destinés à amener des sorcières présumées en prison. Quelle tristesse...

Vous marchez sur la terre battue par des années de circulation intense, sans trop savoir ce que vous cherchez. La route traverse des forêts et des champs, louvoyant tel un serpent silencieux. Sur les côtés, elle est jalonnée de clôtures qui délimitent les parcelles appartenant à de multiples familles. Certaines sont établies depuis longtemps, d'autres depuis peu, mais toutes tiennent à leurs terres qui sont, à leurs yeux, le plus précieux des biens. La colonisation de l'Amérique n'en est qu'à ses débuts, mais elle a déjà des règles bien établies. La terre est synonyme de richesse. On peut en obtenir par les conquêtes, mais aussi par les mariages ou les héritages. Cependant, les alliances politiques, les tours de force et les machinations sont des moyens tout aussi efficaces pour acquérir du terrain. Cette réflexion vous amène à vous poser une question. Et si les accusations de sorcellerie à répétition qui se produisent à Salem étaient liées à cela ? Et si elles étaient intéressées, motivées par l'avidité foncière et non par des souffrances occultes ?

C'est en pensant à cette hypothèse que vous arrivez en vue de panneaux qui attirent votre attention. Outre les directions principales, ils indiquent le début des terres des Putnam. C'est une des familles les plus puissantes de la région. On vous a raconté beaucoup de choses à son sujet. Il y a vingt ans, Salem Village a obtenu son indépendance vis-à-vis de Salem Town. La communauté a alors été dirigée par un comité composé de cinq personnes. Parmi elles figuraient trois Putnam. Ces notables étaient de fervents pratiquants puritains, et ils ont donc eu le contrôle du village durant deux décennies. Leur prospérité doit certainement beaucoup à cette situation. Aujourd'hui, le conseil des cinq n'est plus le même. C'est une autre famille qui en a le contrôle : les Porter. Ces derniers sont essentiellement établis à Salem Town et tiennent à garder la maîtrise de Salem Village. Croyant plus au commerce qu'à la religion, ils prospèrent insolemment. Ce changement de gouvernance a eu lieu quelques mois avant les premières accusations de sorcellerie. Est-ce une coïncidence ?

Vous laissez provisoirement cette question de côté pour observer plus attentivement les panneaux. Une étrange grille remplie de chiffres a été ajoutée à la craie sur celui du bas. Est-ce une indication qui pourrait vous être utile, ou bien un simple jeu d'enfant ?

Le panneau souillé

Examinez ces étranges indications faites à la craie, et déduisez-en une affirmation.

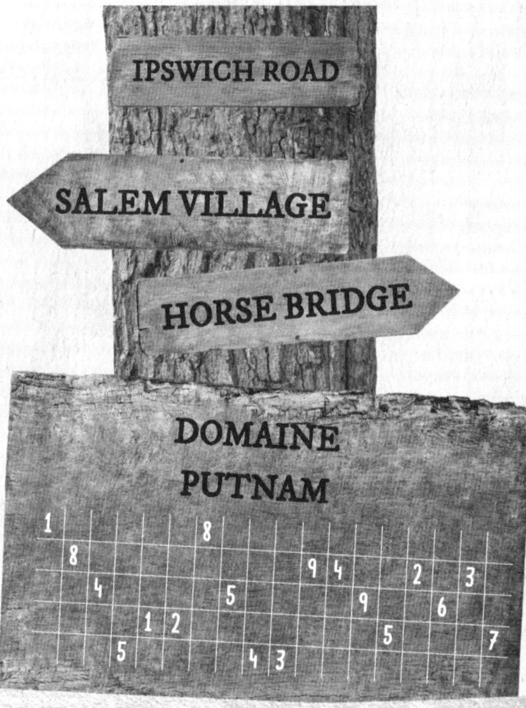

NE TOURNEZ PAS LA PAGE !

Pour pouvoir lire la suite, résolvez d'abord cette énigme.

Visiblement, quelqu'un en veut aux Putnam. Dans le contexte actuel, écrire « Ils adorent le diable » à propos de la famille Putnam peut être lourd de conséquences. Par ailleurs, l'ingéniosité avec laquelle cette accusation a été dissimulée vous laisse perplexe. Incriminer une famille sans le faire ouvertement est un acte peu commun, mais il fait néanmoins penser à un comportement de politicien. Qui peut être derrière cela ? Serait-ce lié à la gouvernance de Salem Village et au conseil des cinq ?

Noircissez une barre sur le totem satanique.

Pour l'instant, ces questions restent sans réponses. Vous reportez donc votre attention sur la suite de votre investigation. Ce côté des terres des Putnam est occupé par une forêt. En scrutant les arbres comme s'ils étaient capables de vous conseiller, vous vous demandez s'il serait judicieux d'explorer cette zone.

Cet indice vous octroie un nouveau symbole magique.
Cochez-le sur la carte de Salem Village.

Le tribunal

Le tribunal

Un procès mystique

Le tribunal de Salem est probablement le plus fréquenté de la colonie de la baie du Massachusetts. Fondé à la hâte au mois de mai par le gouverneur William Phips, qui voulait répondre à l'épidémie d'emprisonnements sévissant à Salem, il a déjà été le théâtre de dizaines de procès. Ils ont tous en commun le même chef d'accusation : la sorcellerie ! Situé à Salem Town, à quelques miles de Salem Village, il est désormais le centre névralgique de cette société puritaine qui vit à l'écart du pouvoir de Boston.

Lorsque vous y pénétrez, une séance est en cours. Une jeune femme est sur le banc des accusés. Son air résigné et absent vous fait comprendre qu'elle s'est déjà résolue à sa mort prochaine. Comment pourrait-il en être autrement ? En effet, comme à chaque procès pour sorcellerie, vous entendez l'accusation avancer avec véhémence l'argument de la preuve spectrale. Son fonctionnement est simple et se résume à deux possibilités. Si la victime déclare avoir vu l'accusé apparaître par sorcellerie, c'est qu'il est forcément coupable. Si en revanche elle jure que c'est le diable qui lui est apparu sous la forme de l'accusé, c'est que ce dernier a fatalement pactisé avec le démon et qu'il est donc coupable. Imparable...

Vous voyez défiler des témoins qui, les uns après les autres, enchaînent les accusations contre cette femme au regard éteint. On la traite de sorcière, de suppôt de Satan, on lui attribue des maux et des méfaits qui laisseraient tout un chacun dubitatif. Lorsqu'elles s'approchent d'elle, certaines victimes se mettent à paniquer, à pleurer, à crier, et même à se rouler hystérique-

ment sur le plancher. Le spectacle est pathétique et l'accusée est tellement désabusée que c'est à peine si elle proteste. Elle ne cesse pourtant de clamer son innocence, mais en vain. La stratégie des accusateurs fonctionne. À l'écoute de leurs propos, le juge fait des hochements de tête approbateurs et n'exprime presque pas de doute sur leur véracité. Le public est galvanisé lorsque les victimes s'affolent à l'excès. C'est un spectacle tumultueux et de très mauvais goût.

Le procès se termine sans surprise par la condamnation de la femme à la pendaison. Elle est conduite dehors sous les huées du public et les regards impassibles de ceux qui ont prononcé la sentence. Choqué et préoccupé par ce qui vient de se passer, vous êtes le dernier à quitter la salle d'audience. Un silence apaisant a remplacé le maelström. Soudain, vous remarquez une étrange suite de lettres gravées dans la boiserie du mur situé derrière le box des jurés.

Le box des jurés

Décodez ce message énigmatique.

NE TOURNEZ PAS LA PAGE !
Pour pouvoir lire la suite,
résolvez d'abord cette énigme.

Salem est une communauté fondée autour de grandes familles de colons puritains. Les clans Putnam et Porter sont rivaux et incontestablement les plus puissants. Les Putnam ont la main sur Salem Village, et les Porter sur Salem Town. Ce message vise à attirer l'attention sur les raisons de ces procès à répétition. Et si cette folie était une simple affaire de rivalité familiale ? Et si la sorcellerie n'était qu'un prétexte pour régler des comptes entre ennemis ? Cette théorie mérite d'être considérée. Mais comment la prouver ?

Le bourg serait peut-être l'endroit idéal pour en savoir plus sur les habitants, des gens que vous ne connaissez pas vraiment car votre arrivée à Salem Village est trop récente. Par ailleurs, ceux qui ont été accusés et qui attendent leur jugement en prison pourraient avoir des informations importantes à livrer. Voilà des pistes qui méritent d'être suivies.

Ce triste spectacle vous octroie deux symboles magiques. Cochez-les sur la carte de Salem Village.

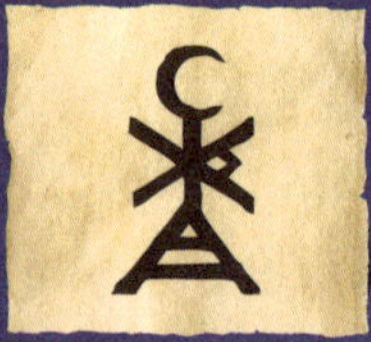

La clairière du sabbat

La clairière du sabbat

Une danse enflamée

Cette lueur est inquiétante. Pourtant, sans comprendre pourquoi, vous vous sentez irrésistiblement attiré par son éclat rougeoyant. Vous marchez vers elle tel un insecte hypnotisé. Peu à peu, des voix commencent à parvenir à vos oreilles.

> « ELAMS LASEM SELAM SLEMA... ELAMS LASEM SELAM SLEMA... »

Ce sont des chants monotones, des incantations lancinantes qui se répètent inlassablement comme une torture interminable. Leur sens vous échappe totalement. Arrivé à une dizaine de mètres d'une clairière, vous vous cachez derrière un buisson et observez ce qui se passe tel un guetteur clandestin. Des gens dansent autour d'un grand feu aux allures de

bûcher. Ils sont en transe. Leurs corps sont là, agités de soubresauts discordants, mais leurs esprits semblent être ailleurs, dans des abîmes infernaux peuplés de croyances impies. Vous comprenez alors ce dont vous êtes le témoin. C'est un sabbat, une assemblée cérémonielle empreinte de folie et vouée au culte du diable ! Les véritables sorcières de Salem sont là, devant vos yeux terrifiés. Que veulent-elles ?

Noircissez une barre sur le totem satanique.

C'est alors que la mystérieuse voix résonne à nouveau dans votre tête.

> « La terre elams n'est pas australe. L'air boréal nie selam. L'eau slema est orientale. »

Les incantations élémentaires

Complétez les tableaux et trouvez ce que veulent les véritables sorcières de Salem.

	INCANTATIONS				POINTS CARDINAUX			
	U	*P*	*R*	*O*	*O*	*S*	*V*	*I*
	ELAMS	LASEM	SELAM	SLEMA	NORD	SUD	OUEST	EST
AIR								
TERRE								
EAU								
FEU								

🜁		🜃		🜄		🜂	
INCANTATION	POINT CARDINAL	INCANTATION	POINT CARDINAL	INCANTATION	POINT CARDINAL	INCANTATION	POINT CARDINAL

NE TOURNEZ PAS LA PAGE !
Pour pouvoir lire la suite,
résolvez d'abord cette énigme.

Vous connaissez cette voix. Vous l'avez entendue dans la cabane, à la potence, au cimetière et, pour la toute première fois : chez vous. C'est celle de Tituba. Elle s'est immiscée dans votre esprit. Comme ces danseurs malsains qui veulent accaparer tous les pouvoirs de Salem, elle aussi est une sorcière. Toutefois, le sortilège qui vous lie à elle est une aubaine, car elle veut vous aider.

Les pierres en main, vous faites le tour de la clairière et déposez chacune d'elles aux points cardinaux qui leur sont associés en prononçant le mot occulte correspondant. Vous agissez tel un pantin, guidé par une force invisible trouvant sa source dans l'occultisme amérindien. Sitôt la dernière pierre posée, le feu se met à vaciller, puis s'éteint de lui-même. Les gens sortent de leur transe et arrêtent de danser. Ils vous aperçoivent à la faveur d'un rayon lunaire qui vous nimbe d'une aura blanche aux atours angéliques. Paniqués, ils s'enfuient et disparaissent dans l'obscurité sylvestre en poussant des cris terrifiés.

Le sabbat est terminé. Vous avez mis un terme à cette cérémonie diabolique. Vous savez que cette prouesse n'a été possible qu'avec l'aide de Tituba et de ses pouvoirs magiques. Elle a tenu promesse et vous a guidé tout au long de cette aventure. Seul au milieu de cette clairière, vous êtes soudainement saisi d'un grand coup de fatigue. Vous vous écroulez sur le sol. Vos paupières se ferment lentement, irrémédiablement. Puis vient le néant...

BRAVO !

Vous êtes parvenu au terme de cet escape game ensorcelé. Lisez le dénouement.

Dénouement

Dénouement

Le réveil des doutes

Au petit matin, vous ouvrez péniblement les yeux en vous demandant si toute cette histoire n'était pas un rêve. Néanmoins, l'odeur du bois brûlé et les vestiges du sabbat vous démontrent le contraire. Vos pensées errent dans des méandres occultes. Vous vous sentez changé, mais la vérité sur les sorcières de Salem vous est désormais connue. Elles existent. Cependant, la plupart d'entre elles font le bien. C'est pourquoi la chasse qui leur est donnée est une terrible erreur. Elle est motivée par des desseins malfaisants. Trop pieux, trop crédules, trop peureux, les gens s'acharnent sur des innocents. À l'image de Tituba, qui a échappé de peu à la potence, ceux que l'on persécute sur la base de témoignages inspirés par le mensonge et par la soif de pouvoir méritent la paix et la sérénité.

Une influence fallacieuse aveugle les gens. La foi et la peur leur font commettre l'irréparable. Ce qui se passe à Salem est un drame qui n'aurait jamais dû se produire. Et tout cela pour des terres, pour un pouvoir que quelques sorcières malfaisantes placent au pinacle de leurs vies, au-dessus de toute considération humaniste.

Faut-il blâmer la sorcellerie ? Comment savoir ? Comment différencier la vérité du mensonge ? Comment reconnaître le bien quand il a les atours du mal, et démasquer le diable lorsqu'il se cache derrière des enfants ?

La sorcière de Salem

Soudain, une silhouette approche dans la brume. C'est une femme aux longs cheveux roux d'une beauté irrésistible et sinistre. Elle s'arrête devant vous. Son regard envoûtant plonge dans le vôtre. Il vous intimide. Il vous passionne. Il vous intrigue. Il vous effraye...

> « Je suis Ann Putnam, déclare-t-elle. Ma fille porte mon prénom, et il en sera de même pour toutes mes descendantes. Mon âme vivra éternellement dans leurs chairs jusqu'à la fin des temps, car tel est le pacte que j'ai lié avec le grand Satan.
>
> — Vous ne me faites pas peur !

— Vous ne savez pas qui je suis, étranger. Je peux aliéner les corps, emprisonner les âmes et apprivoiser la mort. Ne vous mettez pas en travers de ma route. Salem est à moi. Partez pour votre salut.

— Je ne peux pas faire ça.

— Si vous refusez, je me répandrai dans votre corps et votre esprit comme une plaie incurable, un parasite démoniaque qui vous consumera à petit feu. Vos jours seront sombres et vos nuits ténébreuses. Vous serez mon jouet... »

Un destin ensorcelé

Ann Putnam est donc l'instigatrice du cauchemar que vit Salem. Inspirée par le diable, elle est prête à tout pour parvenir à ses fins. Terrorisé, hypnotisé par ce pouvoir maléfique qui vous dépasse, vous acceptez d'un hochement de tête résigné. La sorcière disparaît dans un nuage de fumée noire qui se dissipe en une colonne, s'étiolant vers le ciel embrasé par les premières lueurs de l'aube. Vous comprenez alors que vous ne serez plus jamais seul. Accompagné de vos propres démons, vous chercherez désespérément un sens à cette histoire, cette folie humaine engendrée dans les arcanes de la géhenne, mais ce sera peine perdue.

De retour au village, vous constatez que votre maison a été visitée. On vous cherche pour vous emprisonner. Vous quittez donc Salem sans regrets. Taraudé par des pulsions sibyllines, vous partez à la découverte de l'Ouest, au cœur des terres amérindiennes, désireux d'être le premier à découvrir le bout de ce nouveau continent. Renié le soldat, oublié le colon, abjuré le puritain, le chamanisme est désormais votre voie. Comme un rêve devenu réalité, la sorcellerie vous a sournoisement piégé dans son filet mystérieux. Elle écrira votre destin avec une plume dont la couleur est encore incertaine...

Votre ensorcellement

Votre destin est donc tout tracé, mais il dépendra de la façon dont vous avez été initié à la sorcellerie. Pour savoir de quoi il sera fait, regardez jusqu'où est monté votre ensorcellement sur le totem satanique.

Si vous avez choisi de réaliser cet escape game en un temps limité et que vous l'avez dépassé, noircissez 1 barre sur le totem satanique. Sinon, consultez directement le résultat.

Le diable vous a séduit et votre choix est irrévocable. Vous agirez bientôt selon ses volontés, faisant le mal et semant la terreur sur votre passage. En contrepartie du pacte que vous allez passer avec lui, vous jouirez de redoutables pouvoirs dont vous abuserez sans scrupules pour assouvir vos désirs cupides et destructeurs.

Vous avez été happé dans l'univers de la sorcellerie. Ses pouvoirs sont immenses, mais aussi incompris. Désormais, vous serez confronté à un dilemme permanent. Il n'est pas toujours aisé de distinguer le bien du mal. Dans votre nouvelle vie, le diable ne sera jamais loin et, malgré votre bonne volonté, il pourra à tout moment vous séduire.

La sorcellerie n'est plus un mystère pour vous. Ses principaux arcanes vous sont connus, et vous saurez les exploiter à bon escient dans le futur. Vous êtes suffisamment lucide pour laisser le grand Satan à l'écart de votre âme. La nature et les esprits qui la peuplent vous offriront désormais des pouvoirs que vous dédierez au bien.

Indices

Visite au crépuscule – L'attrape-rêves ensorcelé

Noircissez une barre sur le totem satanique. Le signe des initiés est le pentagramme, associé ici aux blancs. Et cette spirale en est-elle vraiment une ?

Le marais – Les phases lunaires

La série est croissante, et tous les nombres qui la composent ont le même point commun avec le mot « LUNE ».

Le bourg – Les pierres colorées

Chaque type de pierre est associé à une direction. Commencez par observer les pierres de la périphérie et trouvez celle qui permet d'entrer dans l'hexagramme. Suivez ensuite les directions jusqu'à ce que vous ressortiez du cercle.

La maison des Corey – Les animaux empaillés

Noircissez une barre sur le totem satanique. Les chiffres romains gravés sur les socles ont un rapport avec les animaux auxquels ils sont associés. Écrivez leurs noms.

La potence – La corde fatale

Placez-vous sous la corde pour changer de point de vue, et décrivez l'aspect de ce que vous voyez en cinq mots.

L'église – Le message biblique

Le symbole dessiné sur la feuille volante est la clé de ce code. Faites-le correspondre avec les trous, puis identifiez les lettres manquantes.

La cabane – Le serpent sibyllin

Noircissez une barre sur le totem satanique. Les symboles présents dans les cases ne vous rappellent-ils pas certaines énigmes que vous avez résolues ? Et s'ils correspondaient à des chiffres ?

La maison des Foster – La potion mystérieuse

Noircissez une barre sur le totem satanique. Observez attentivement l'image et les différents ingrédients. Ne voyez-vous rien d'inscrit sur cinq d'entre eux ?

Le cimetière – L'écorce lacérée

Les couples de lettres gravées sur le tronc d'arbre ont peut-être un rapport avec les noms des gens enterrés dans le cimetière. Ils sont associés verticalement.

La forêt – La poupée torturée

Noircissez une barre sur le totem satanique. Les chiffres inscrits sur les têtes des aiguilles ont-ils une signification ? En les reliant dans un certain ordre, il est possible de faire apparaître un symbole.

La prison – Les cartes de tarot

Noircissez une barre sur le totem satanique. Un carré magique a pour particularité d'avoir la somme des lignes, colonnes et diagonales égale à un même nombre. Ce nombre est vraisemblablement celui qui est indiqué sur le papier.

La route – Le panneau souillé

Les chiffres de ce tableau semblent être placés sur des lignes particulières. Les lignes ont vraisemblablement un rapport avec l'agencement des panneaux. Quant aux valeurs des chiffres, elles se réfèrent peut-être à des positions sur les panneaux.

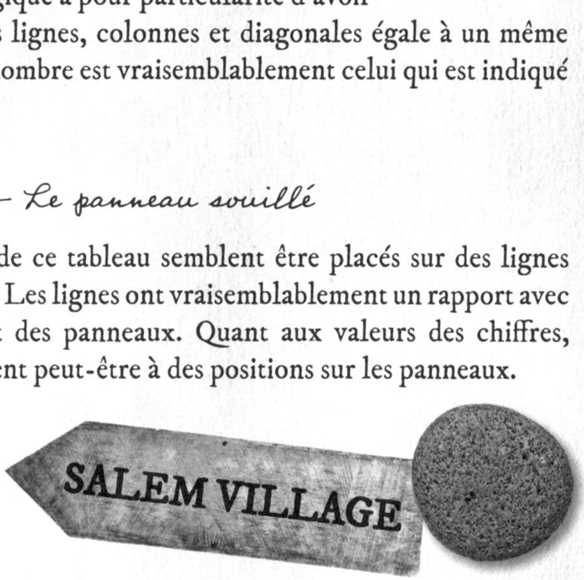

Le tribunal – Le box des jurés

Il faut utiliser une clé chiffrée pour décoder ce message. De plus, la pancarte affichée au mur suggère de procéder par soustraction. Voici un exemple de décodage avec la clé « 123 » :

```
  B E F V U H
- 1 2 3 1 2 3
-------------
  A C C U S E
```

La clairière du sabbat – Les incantations élémentaires

Noircissez une barre sur le totem satanique. Complétez le premier tableau en suivant les indications de la voix mystérieuse. Complétez ensuite le deuxième tableau en ordonnant, élément par élément, les lettres associées à chaque incantation et au point cardinal dans le premier tableau.

Solutions

Visite au crépuscule – L'attrape-rêves ensorcelé

Noircissez une barre sur le totem satanique. L'intérieur de l'attrape-rêve est une illusion d'optique. Il ne s'agit pas d'une spirale mais de cercles concentriques qu'il faut donc traverser. En utilisant les lettres blanches, on peut former un pentagramme (le signe des initiés) dont les pointes désignent les lettres T, S, M, R et O, formant le mot « **MORTS** ».

Le marais – Les phases lunaires

Noircissez une barre sur le totem satanique. La série « 0 – 2 – 5 – 7 – 8 – 9 – 11 » est composée des sept premiers nombres s'écrivant en quatre lettres, comme le mot « LUNE ». Après « ONZE », le nombre suivant s'écrivant en quatre lettres est « **CENT** ». C'est donc cette valeur qui est associée à la nouvelle lune.

Le bourg – Les pierres colorées

Noircissez une barre sur le totem satanique. La seule pierre qui permet d'entrer dans l'hexagramme est associée au mot « MENSONGE ». En passant de case en case selon les directions indiquées par les pierres, on aboutit au mot « TERREUR ». Le message laissé par les enfants est donc « **LE MENSONGE MÈNE À LA TERREUR** ».

La maison des Corey – Les animaux empaillés

Noircissez une barre sur le totem satanique. Chaque chiffre romain indique la position d'une lettre dans le nom de l'animal auquel il est associé. Ainsi, le III du CORBEAU indique la lettre R, le VI de la CHAUVE-SOURIS indique la lettre E, le V du CRAPAUD indique la lettre A, le V du HIBOU indique la lettre U, le VI du SERPENT indique la lettre N, et le IV du CHAT indique la lettre T. Ces six lettres forment le mot « NATURE ».

La potence – La corde fatale

Noircissez une barre sur le totem satanique. Cette énigme est une anamorphose. En inclinant le livre et en observant l'illustration de manière rasante, il est possible de lire les mots « ETRE PENDU ». Ces mots sont écrits avec un format « HAUT ET COURT ». L'expression recherchée est donc « ETRE PENDU HAUT ET COURT ». Les initiales de ces mots (E, P, H, E et C) permettent de former le mot « PÉCHÉ ».

L'église – Le message biblique

Noircissez une barre sur le totem satanique. En faisant correspondre le symbole dessiné sur la feuille volante, on obtient une trajectoire qui relie successivement les lettres « A, P, e, s, t, u, n, e, s, o, r, c, i, è, r, e. Ces lettres permettent de former la phrase « **AP est une sorcière** ».

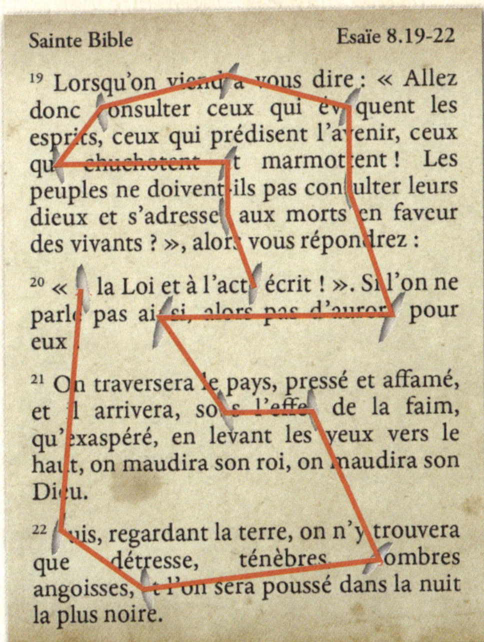

Sainte Bible Esaïe 8.19-22

19 Lorsqu'on viendra vous dire : « Allez
donc consulter ceux qui évoquent les
esprits, ceux qui prédisent l'avenir, ceux
qui chuchotent et marmottent ! Les
peuples ne doivent-ils pas consulter leurs
dieux et s'adresser aux morts en faveur
des vivants ? », alors vous répondrez :

20 « À la Loi et à l'acte écrit ! ». Si l'on ne
parle pas ainsi, alors pas d'aurore pour
eux !

21 On traversera le pays, pressé et affamé,
et il arrivera, sous l'effet de la faim,
qu'exaspéré, en levant les yeux vers le
haut, on maudira son roi, on maudira son
Dieu.

22 Puis, regardant la terre, on n'y trouvera
que détresse, ténèbres, sombres
angoisses, et l'on sera poussé dans la nuit
la plus noire.

La cabane – Le serpent sibyllin

Noircissez une barre sur le totem satanique. En remarquant que les symboles présents dans les cases vides se rapportent aux énigmes des phases lunaires, des animaux empaillés et de la poupée torturée, il est facile de remplir le serpent avec tous les chiffres de 1 à 9. Il suffit ensuite de réaliser le calcul « 9 + 13 × 3/1 + 6 + 12 × 2 - 5 - 11 + 7 × 8/4 - 10 » en tenant compte des priorités opératoires pour trouver le résultat « 66 ». En complétant ce nombre avec le chiffre associé au serpent dans l'énigme des animaux empaillés (6), dans le triangle, on obtient le nombre « 666 ».

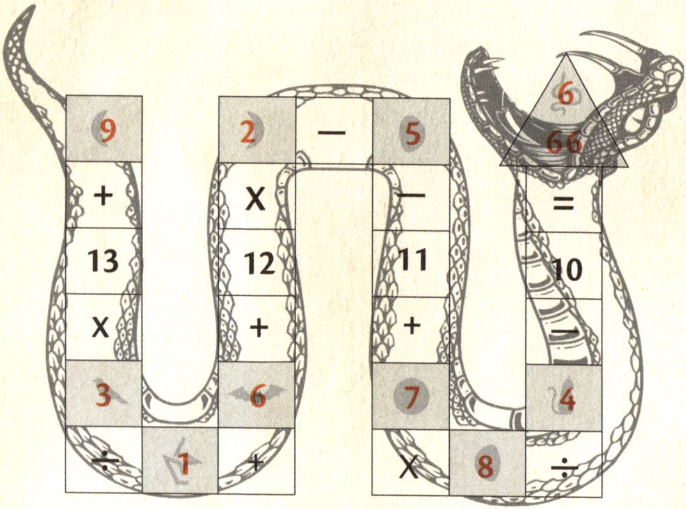

La maison des Foster – La potion mystérieuse

Noircissez une barre sur le totem satanique. En observant attentivement l'image, on peut voir des chiffres inscrits sur des objets : un 4 sur le livre, un 2 sur la mousse, un 3 sur la branche, un 4 sur les fleurs et un 4 sur les champignons. En interprétant ces chiffres comme des positions dans les noms des objets, on obtient respectivement les lettres « R, O, A, U et M », qui forment le mot « **AMOUR** ».

Le cimetière – L'écorce lacérée

Noircissez une barre sur le totem satanique. Les couples de lettres gravées sur le tronc d'arbre correspondent aux deux premières lettres des noms des gens enterrés dans le cimetière (par exemple GO pour GOOD, ou HO pour HOWE). En utilisant le plan et en reliant les noms associés, on fait apparaître les lettres « L, I, E, N et S », qui forment le mot « **LIENS** ».

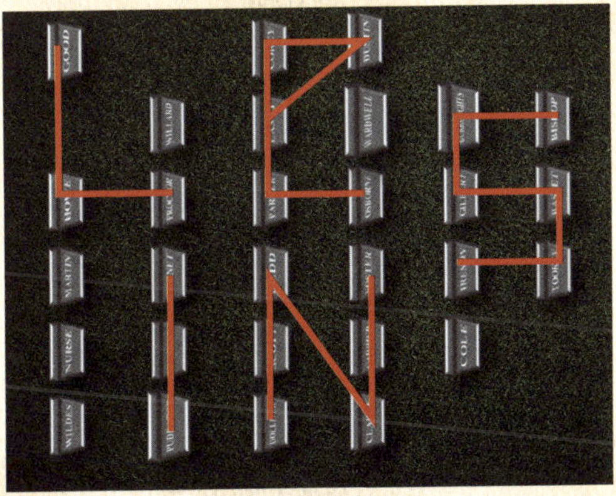

La forêt – La poupée torturée

Noircissez une barre sur le totem satanique. En réalisant le parcours entre les endroits où sont plantées les aiguilles dans le sens croissant des chiffres, on fait apparaître le symbole associé au deuxième mot de la liste. En remarquant que les inscriptions sont composées de lettres doublées par symétrie et renversées verticalement, on peut déchiffrer le mot « **FOLIE** ». Malgré la présence du galet, il est possible de déterminer que ce mot est associé au « 1 ».

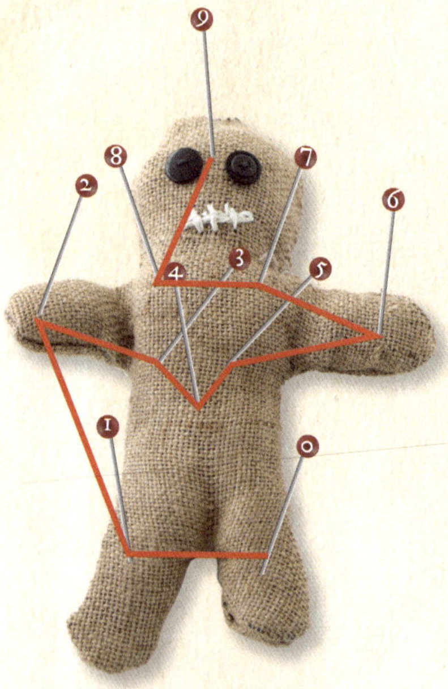

La prison – Les cartes de tarot

Noircissez une barre sur le totem satanique. Les cartes sont numérotées de 1 à 16. Il s'agit de former un carré magique, c'est-à-dire un carré dont les sommes des lignes, colonnes et diagonales sont égales au même nombre. Le « 34 » inscrit sur le papier indique cette somme magique. Une fois toutes les cartes placées, la lecture dans l'ordre croissant des lettres associées forme le texte « **PRÉDIRE SON AVENIR** ».

La route – Le panneau souillé

Noircissez une barre sur le totem satanique. Les lignes correspondent à l'agencement des panneaux, et les valeurs des chiffres se réfèrent aux positions des lettres sur les panneaux. Ainsi, le tableau déchiffré est le suivant :

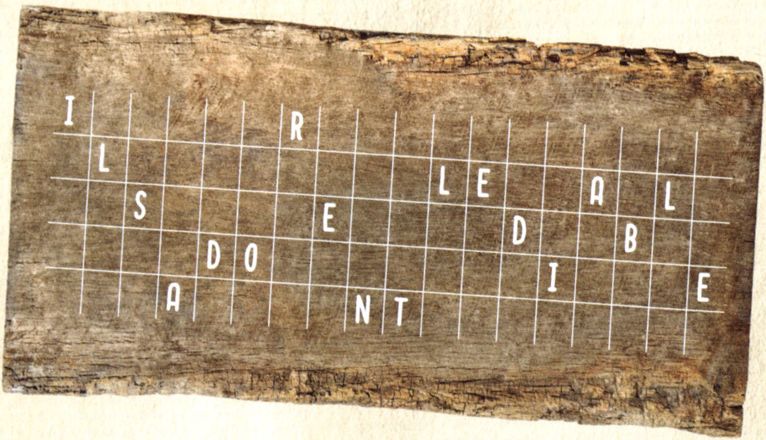

Ramenées à une seule ligne, ces inscriptions correspondent donc à un avertissement concernant la famille Putnam : « **ILS ADORENT LE DIABLE**. »

Le tribunal – Le box des jurés

Noircissez une barre sur le totem satanique. En appliquant la clé « 1692 » qui est inscrite sur le livre posé sur le sol et en procédant par décalage soustractif suivant cette séquence (comme suggéré par l'affiche qui est au mur), on peut décoder le message :

Q A C P B S	N V	Q U A V F W	B Q O Z	A K W G D Z
- 1 6 9 2 1 6	9 2	1 6 9 2 1 6	9 2 1 6	9 2 1 6 9 2
P U T N A M	E T	P O R T E R	S O N T	R I V A U X

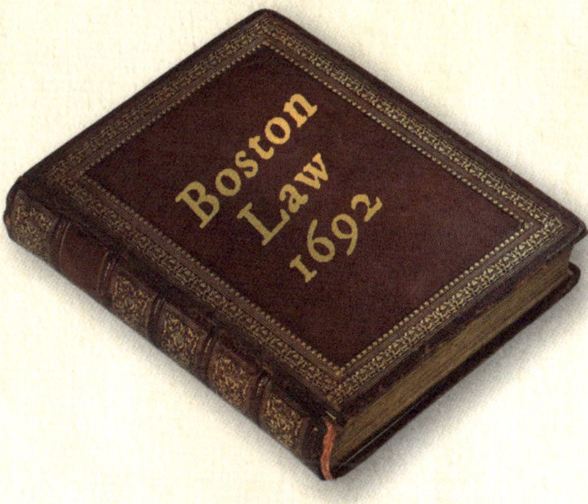

La clairière du sabbat – Les incantations élémentaires

Noircissez une barre sur le totem satanique. Les indications de la voix mystérieuse permettent de compléter le premier tableau. En reportant, élément par élément, les lettres associées à l'incantation et au point cardinal, on fait apparaître le mot « **POUVOIRS** ».

	INCANTATIONS				POINTS CARDINAUX			
	U	*P*	*R*	*O*	*O*	*S*	*V*	*I*
	ELAMS	LASEM	SELAM	SLEMA	NORD	SUD	OUEST	EST
AIR		X			X			
TERRE	X						X	
EAU				X				X
FEU			X			X		

🜁		🜃		🜄		🜂	
INCANTATION	POINT CARDINAL	INCANTATION	POINT CARDINAL	INCANTATION	POINT CARDINAL	INCANTATION	POINT CARDINAL
P	O	U	V	O	I	R	S

La véritable histoire des sorcières de Salem

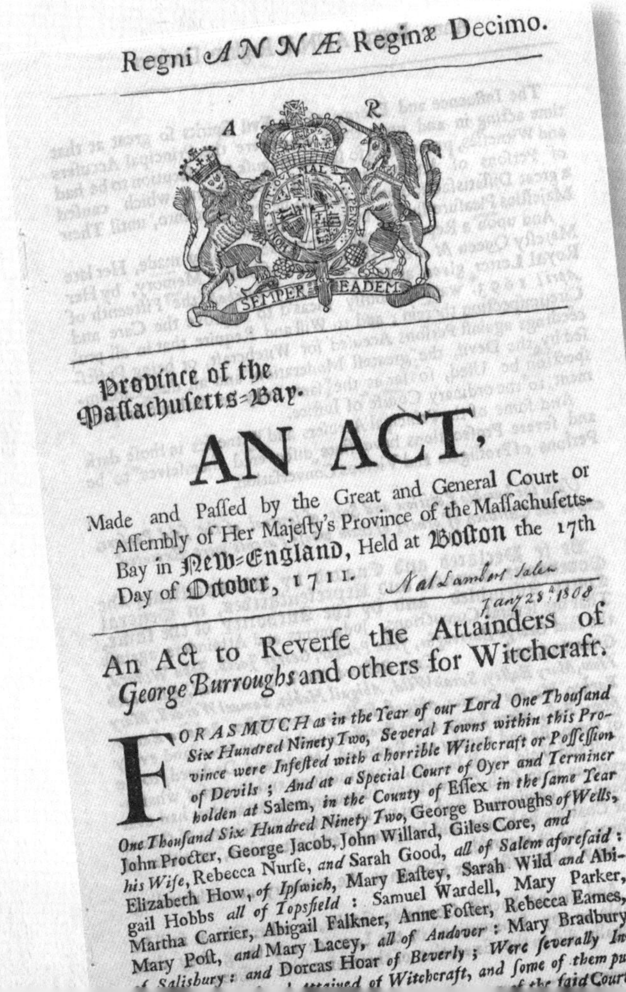

Regni ANNÆ Reginæ Decimo.

A R

SEMPER EADEM

Province of the Massachusetts-Bay.

AN ACT,

Made and Passed by the Great and General Court or Assembly of Her Majesty's Province of the Massachusetts-Bay in New-England, Held at Boston the 17th Day of October, 1711.

Nat Lambert Salem Jany 28th 1808

An Act to Reverse the Attainders of *George Burroughs* and others for Witchcraft.

FORASMUCH *as in the Year of our Lord One Thousand Six Hundred Ninety Two, Several Towns within this Province were Infested with a horrible Witchcraft or Possession of Devils; And at a Special Court of Oyer and Terminer holden at* Salem, *in the County of* Essex *in the same Year One Thousand Six Hundred Ninety Two,* George Burroughs *of* Wells, John Procter, George Jacob, John Willard, Giles Core, *and his Wife,* Rebecca Nurse, *and* Sarah Good, *all of Salem aforesaid:* Elizabeth How, *of Ipswich,* Mary Eastey, Sarah Wild *and* Abigail Hobbs *all of Topsfield:* Samuel Wardell, Mary Parker, Martha Carrier, Abigail Falkner, Anne Foster, Rebecca Eames, Mary Post, *and* Mary Lacey, *all of Andover:* Mary Bradbury *of Salisbury: and* Dorcas Hoar *of Beverly; Were severally In-*[illegible] *attainted of Witchcraft, and some of them put* [illegible] *the said Court,*

Famine à Salem !

L'épisode dit des « sorcières de Salem » a profondément marqué l'histoire coloniale de l'Amérique du Nord. Par la suite, il a été largement utilisé dans la littérature populaire et dans la rhétorique politique américaine pour mettre en garde contre les dangers de l'isolationnisme, de l'extrémisme, des fausses accusations ou des erreurs judiciaires. De nos jours, cette histoire fait office de référence en termes de chasse aux sorcières et trouve encore un écho dans de nombreuses sociétés du monde entier en proie à des dérives subversives, justifiées ou non.

Les faits débutent durant l'hiver 1691-1692, à Salem Village, dans la baie du Massachusetts. Dans cette région située non loin de Boston où sont établis des colons britanniques puritains, cet hiver particulièrement rigoureux provoque une famine. Déjà en proie à une absence totale de soutien de l'Angleterre, les puritains doivent également affronter leurs rivaux coloniaux français et les tribus amérindiennes, qui défendent leurs terres ancestrales. Aucun gouvernement légitime ne gérant cette région, la population, très pieuse, s'en remet aux pasteurs protestants pour assurer l'ordre et la gouvernance de leurs communautés.

Inquiétantes fillettes

La nièce et la fille du révérend Samuel Parris, Abigail Williams et Elisabeth Parris, âgées respectivement de 11 et 9 ans, sont victimes de maux étranges. Elles parlent une langue inconnue, traînent des pieds en marchant, ont des crises de panique et sont prises de convulsions et d'hallucinations. Le médecin de Salem, William Griggs, ne parvenant pas à expliquer l'état des deux jeunes filles, conclut à une possession démoniaque.

C'est alors que tout se précipite. D'autres enfants de Salem, Ann Putnam Jr., Betty Hubbard, Susannah Sheldon, Mercy Lewis, Mary Warren et Mercy Short, sont touchées par le même mal. Sous la pression des notables, de fervents puritains, elles révèlent les noms de personnes qui seraient responsables de leurs maux. Sarah Good, Sarah Osborne et Tituba, une

Amérindienne au service du révérend Parris, sont en conséquence accusées de sorcellerie dès le mois de mars 1692. Les crises se poursuivant malgré ces arrestations, d'autres noms sont lâchés et les emprisonnements s'accumulent.

La preuve spectrale

En l'absence de gouvernement légitime, il est impossible de juger les accusés. Un tribunal est donc constitué en mai 1692 par le gouverneur William Phips. Toutes les prisonnières clament leur innocence à l'exception de Tituba, qui reconnaît les faits, dévoile d'autres noms et est finalement innocentée. À partir de là, les procès en sorcellerie se succèdent. Ils reposent notamment sur le principe dit de la preuve spectrale. Si la victime voit apparaître l'accusé par sorcellerie, c'est qu'il est forcément coupable. Si en revanche elle voit apparaître le diable sous la forme de l'accusé, c'est que ce dernier a donné son accord et qu'il est aussi coupable. Les accusés sont donc systématiquement condamnés à mort. Les pendaisons s'enchaînent jusqu'à fin septembre 1692, année où un fermier respectable, Giles Corey, se voit infliger la peine « forte et dure » – un écrasement progressif par des pierres – pour avoir refusé d'être jugé.

Perturbée par ces événements, la communauté de Salem est en perdition. Elle vit dans l'angoisse du lendemain et son économie s'écroule. À ce stade, le total des plaignants atteint une quinzaine de personnes, un tiers de la population est emprisonnée, 29 personnes ont perdu la vie en prison ou à la potence, et 20 autres sont condamnées. À Boston, alerté de cette situation dramatique, le gouverneur Phips interdit la preuve spectrale et forme un nouveau tribunal. Cette intervention marque la fin des condamnations à mort.

Hallucinations et maladie génétique

Par la suite, de nombreuses théories visant à expliquer les maux dont souffraient les prétendues victimes de sorcellerie se sont succédé.

Parmi elles, la plus fréquemment citée est l'ergotisme. C'est une maladie provoquée par l'ergot de seigle, un champignon aux propriétés voisines du LSD, qui provoque entre autres des symptômes hallucinatoires. Cependant, ce champignon est aisément détectable dans une récolte et il semble peu probable qu'il ait été consommé massivement.

Une autre théorie avance l'hypothèse de la chorée de Huntington, une maladie héréditaire et neurologique entraînant une dégénérescence et conduisant au décès. Ses symptômes correspondent à des troubles moteurs, psychiatriques et cognitifs qui peuvent se rapprocher de ceux décrits par les victimes de Salem. Toutefois, son caractère héréditaire et son très faible taux d'occurrence rendent cette possibilité improbable.

Une société divisée

Une explication d'ordre social fait également partie des théories proposées. Dans la communauté puritaine de l'époque, les hommes font autorité, les femmes sont placées au second plan, et les enfants sont souvent relégués aux corvées sans véritable droit d'expression. Les premiers témoignages ayant trouvé des oreilles attentives, ils ont pu encourager des enfants enfin écoutés à formuler des dénonciations. De plus, des accusations ont également été lancées par des adultes, qui étaient toutes des femmes. Il est donc envisageable que le fait d'être entendu ait poussé des personnes dominées à se rebeller et à se venger de leur situation.

Enfin, d'autres recherches identifient une rivalité familiale intervenant en toile de fond. Les deux principales familles impliquées sont les Putnam, de grands propriétaires terriens

MARTHA CORY AND HER PERSECUTORS.

de Salem Village, et les Porter, de puissants notables de Salem Town exploitant à la fois les ressources agricoles de Salem Village et l'activité portuaire. Quelques semaines avant les faits, le contrôle de Salem Village, matérialisé par le comité des cinq, est passé des Putnam aux Porter. L'analyse généalogique des victimes et des accusés, la connivence entre les Putnam et le révérend Parris, ainsi que l'interprétation d'alliances familiales ou politiques conduisent à suspecter que les accusation de sorcellerie avaient pour but caché de déstabiliser les Porter et leurs alliés afin de récupérer des terres et donc le pouvoir.

Il faut enfin signaler que parmi les nombreuses personnes ayant formulé des accusations, seule Ann Putnam Jr s'est rétractée en 1706 et a avoué avoir injustement accusé des personnes innocentes.

En somme beaucoup d'incertitudes demeurent et chacun peut se faire sa propre idée sur l'affaire des sorcières de Salem. Quoi qu'il en soit, elle a fait date dans l'histoire, et ses enseignements peuvent encore avoir leur utilité dans le monde d'aujourd'hui.

PAPIER À BASE DE FIBRES CERTIFIÉES

LAROUSSE s'engage pour l'environnement en réduisant l'empreinte carbone de ses livres. Celle de cet exemplaire est de :
450 g éq. CO_2
Rendez-vous sur www.larousse-durable.fr

Achevé d'imprimer en Espagne par GRAFO
Dépôt légal : avril 2022 - 330474/02
Projet : 11052627 - mars 2023